Mi país

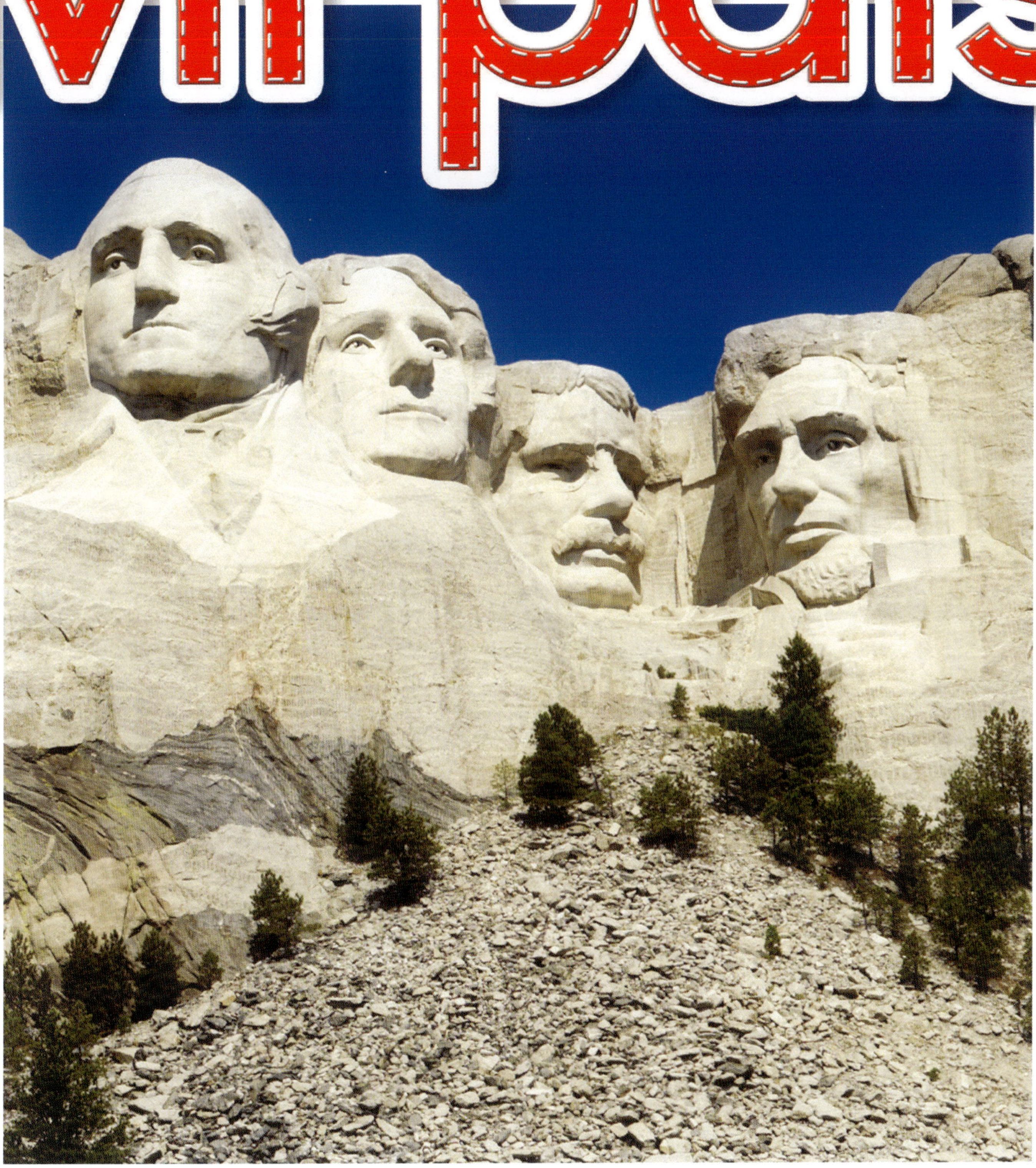

Stephanie Reid

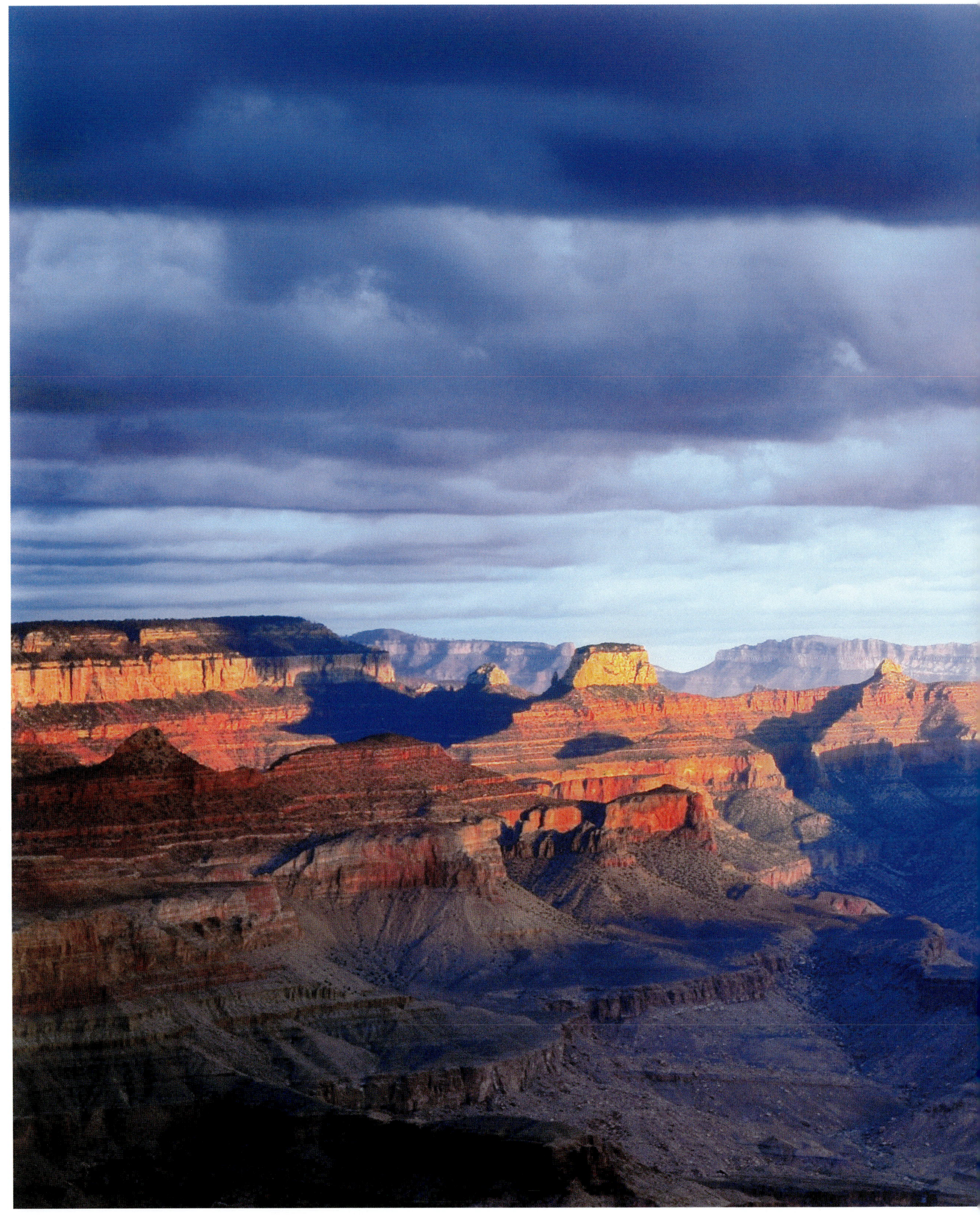

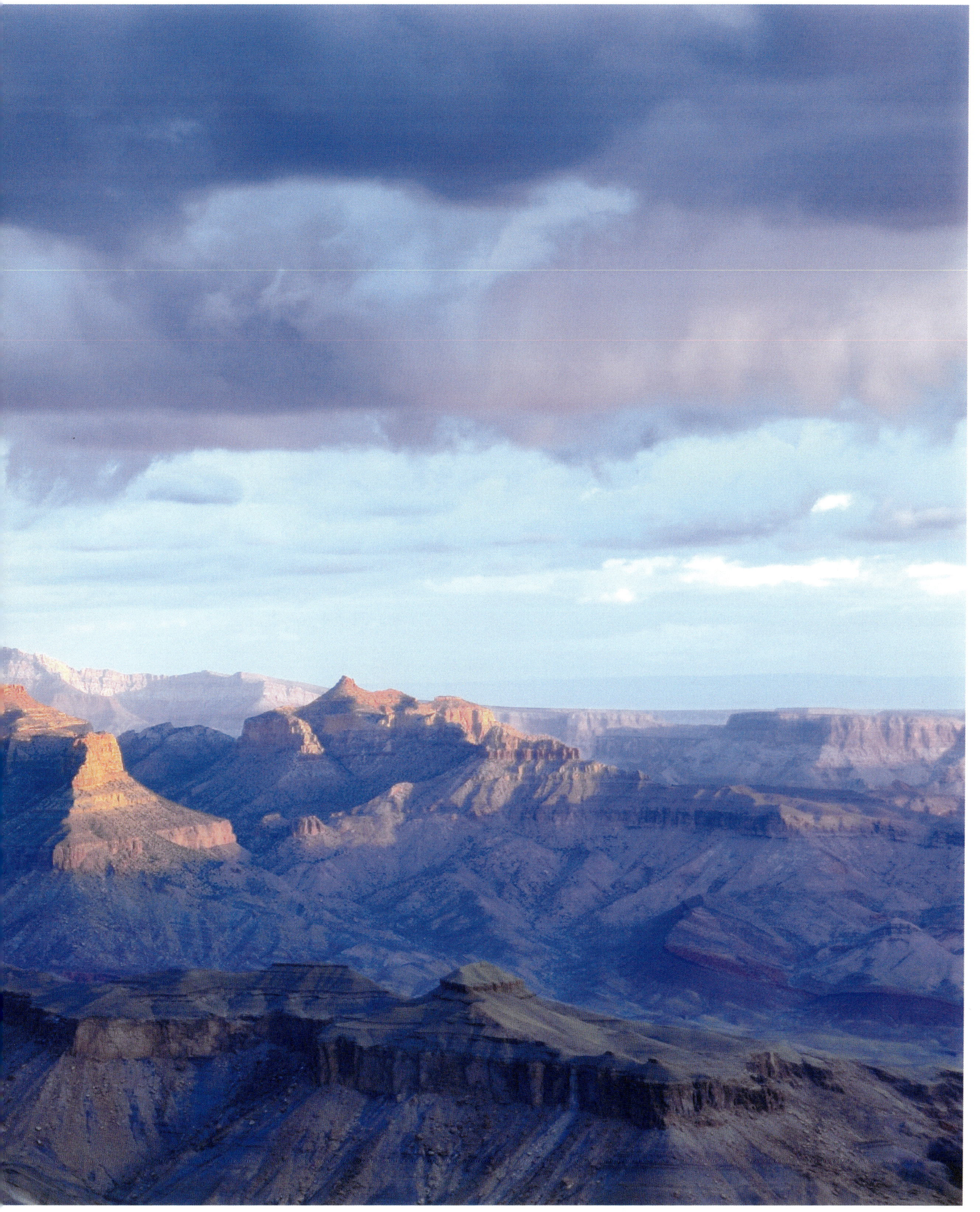

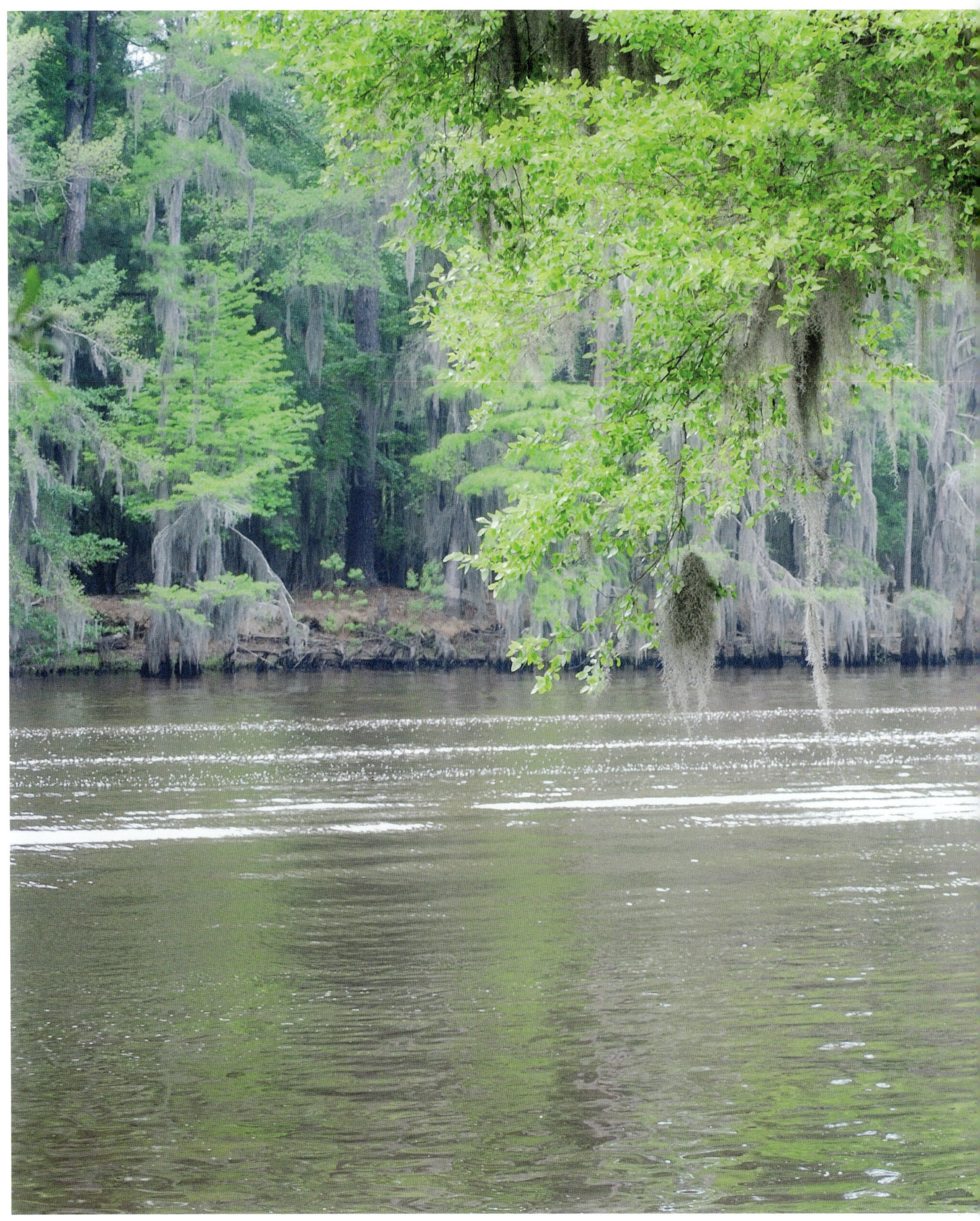

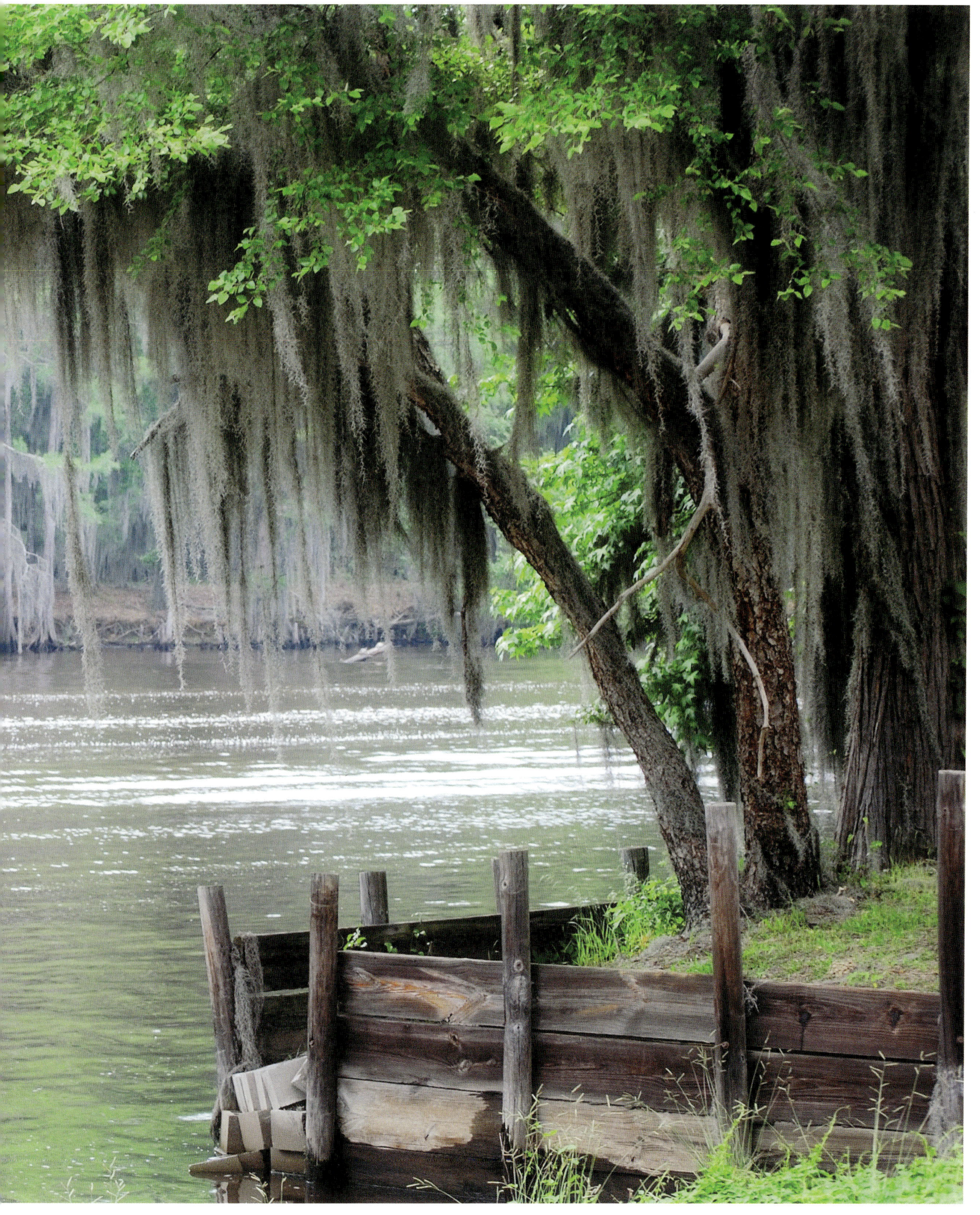

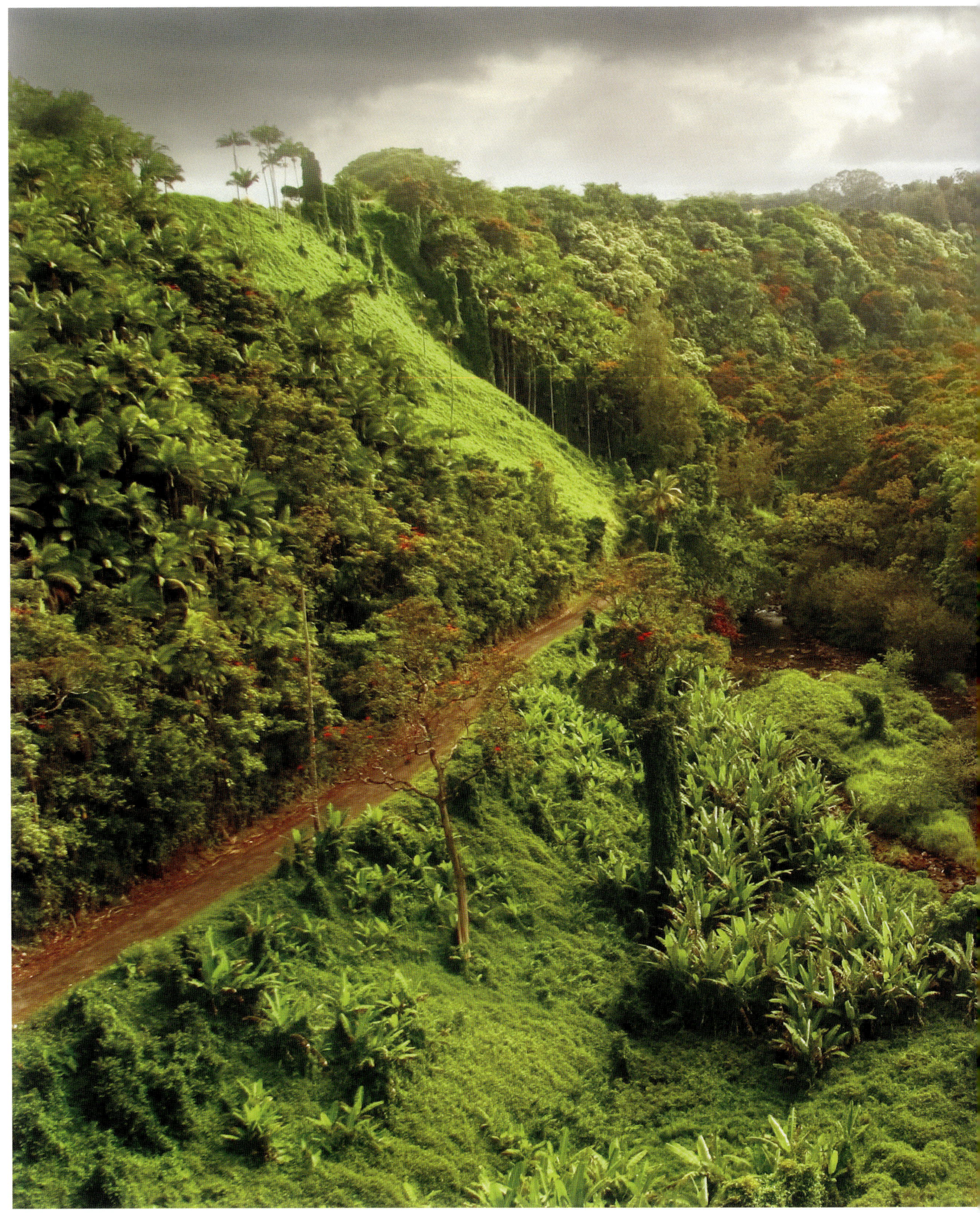

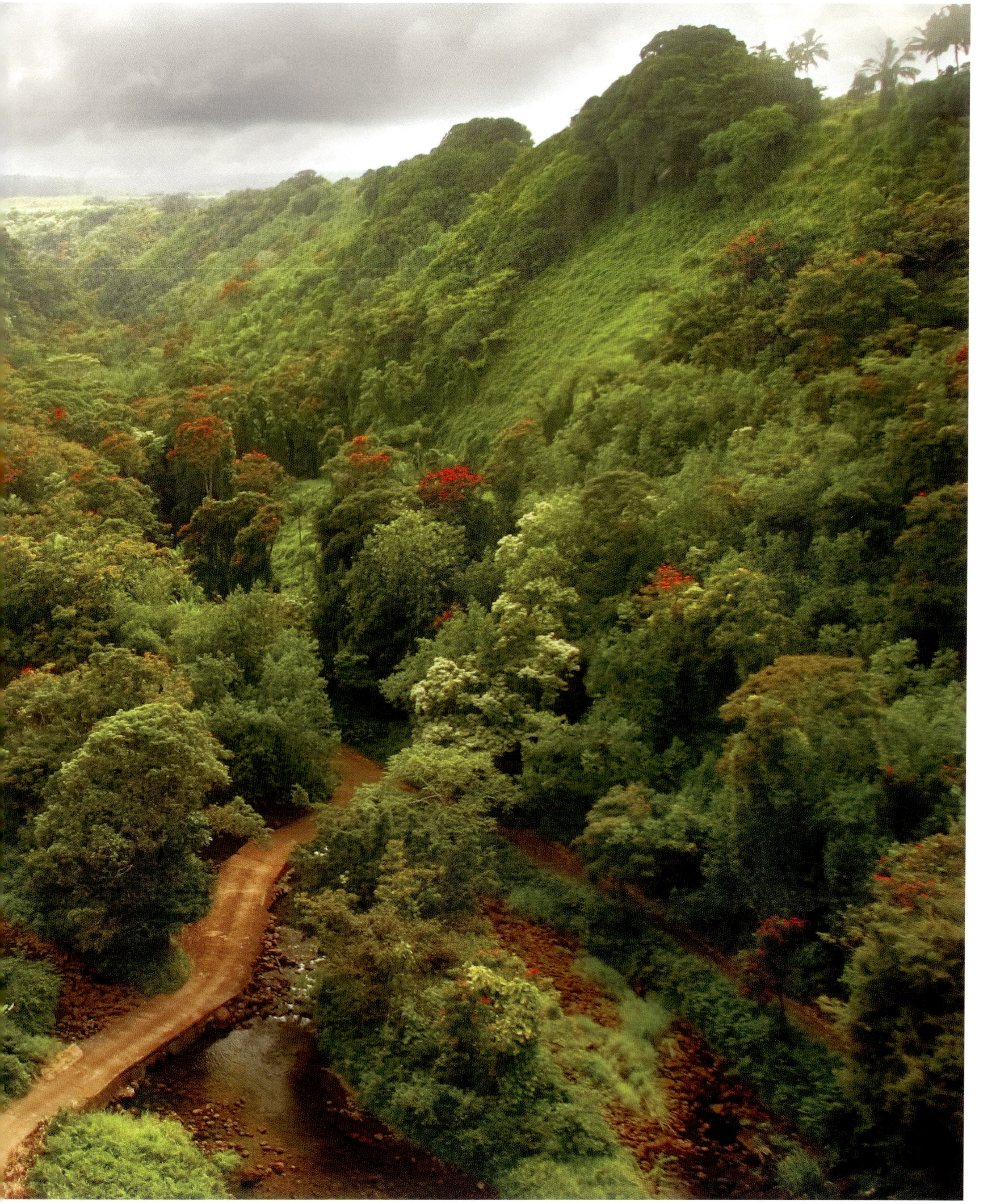

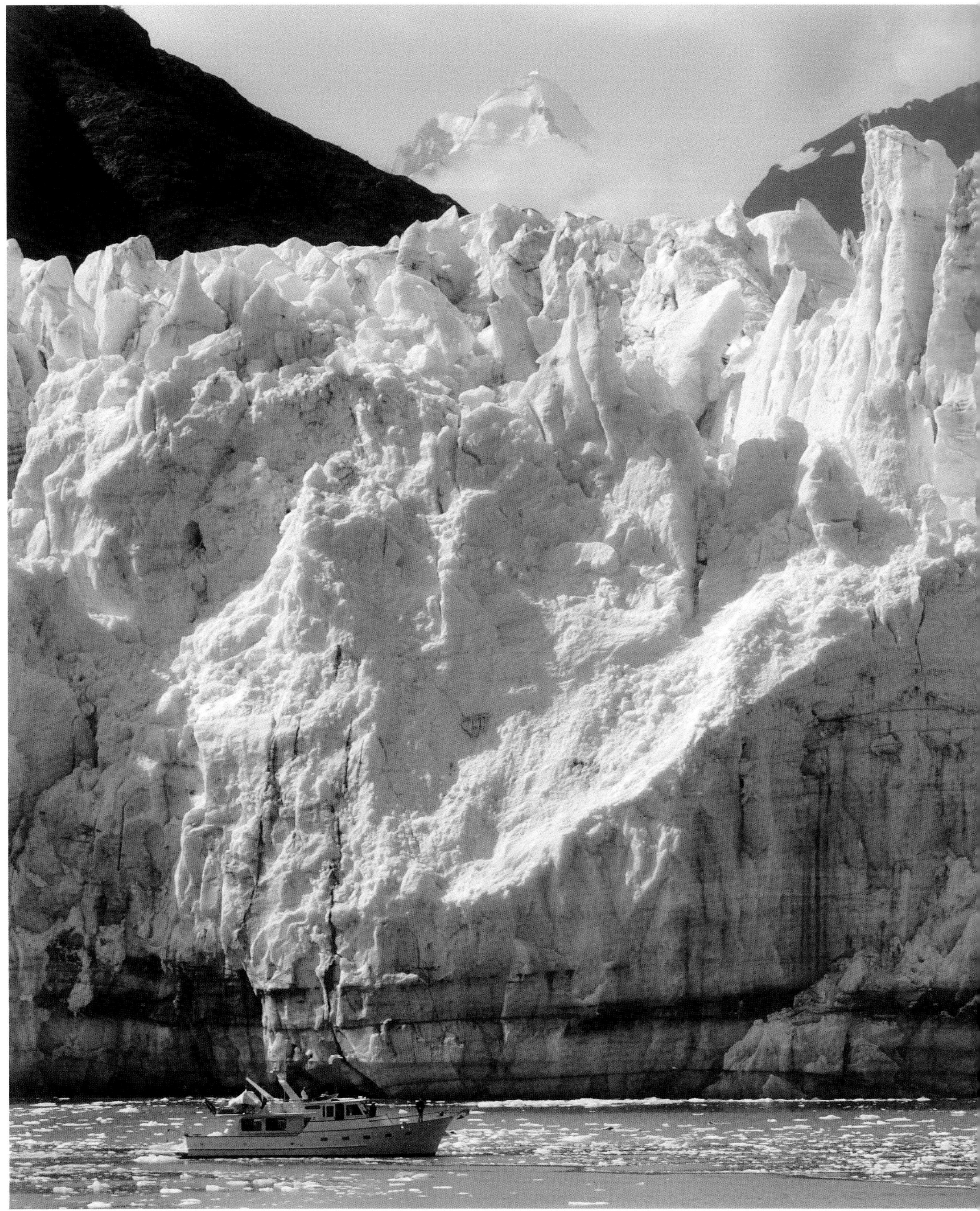

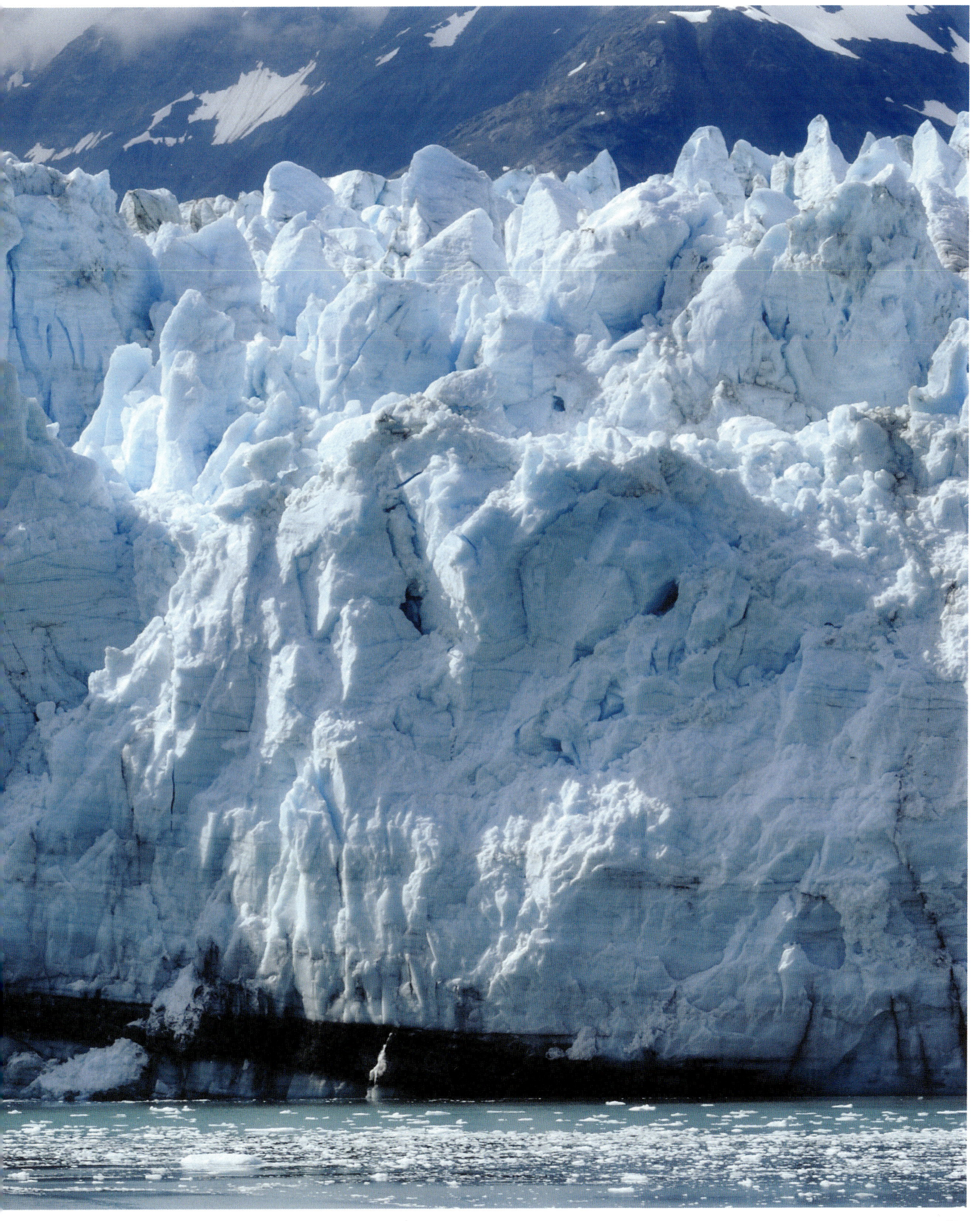

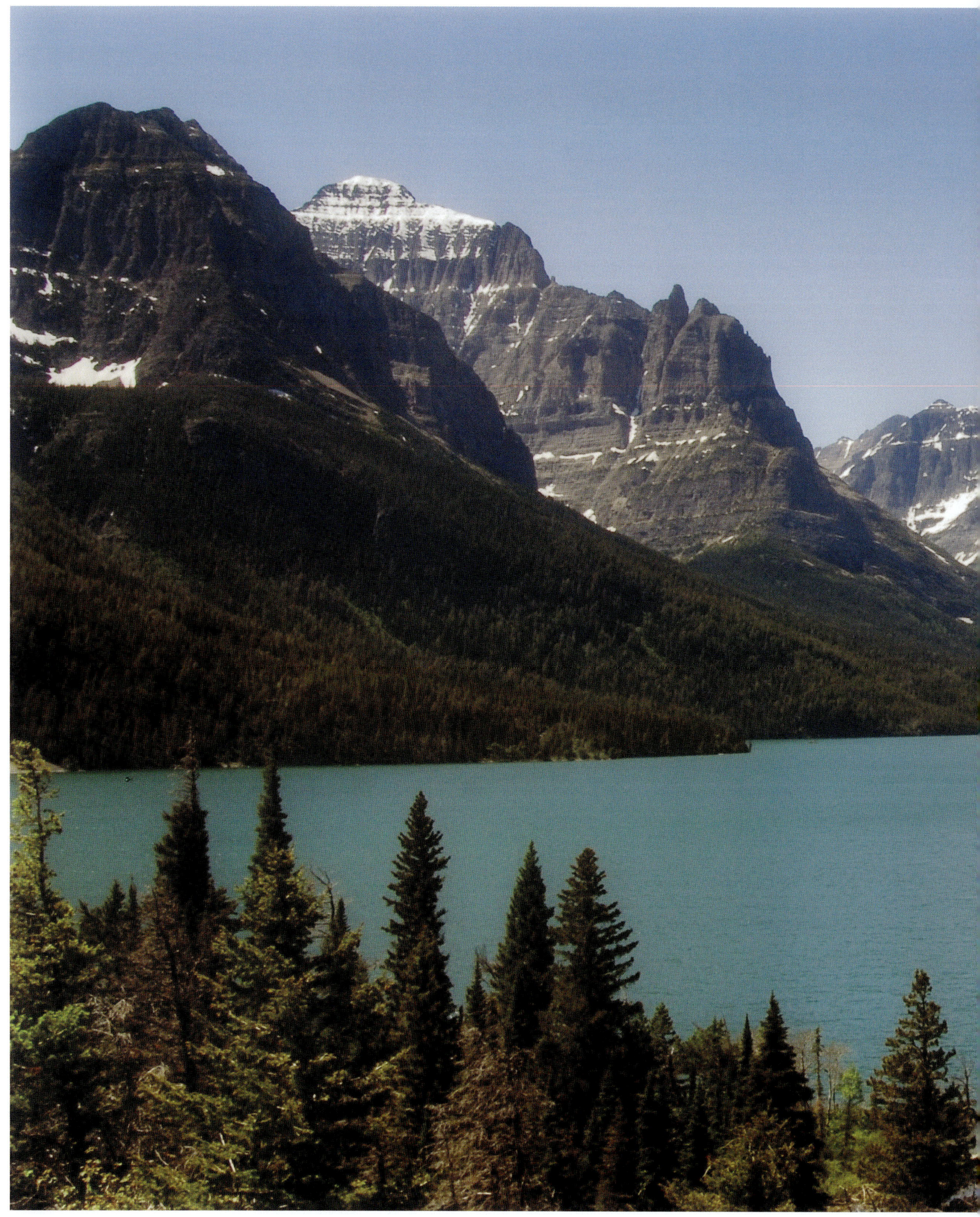

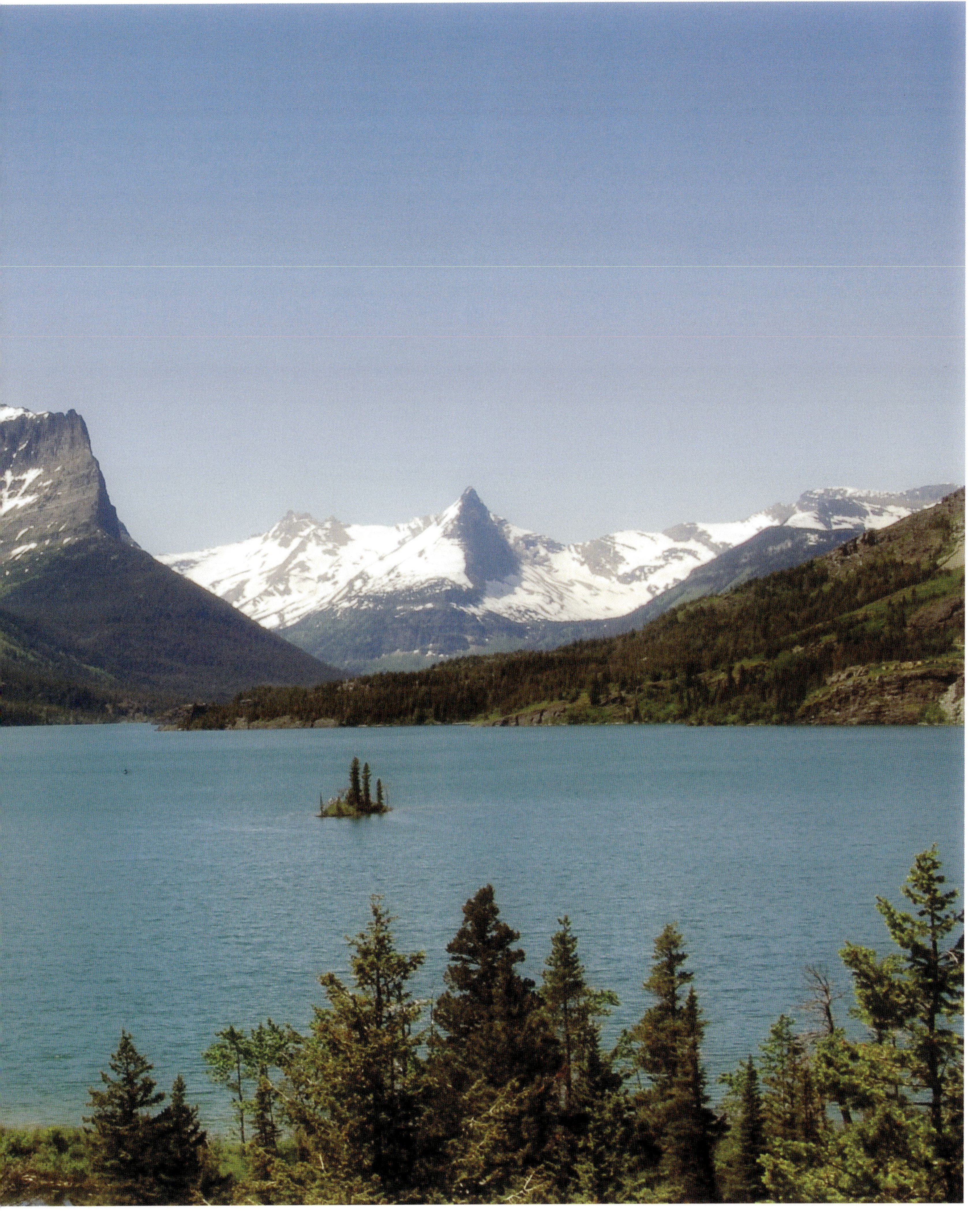

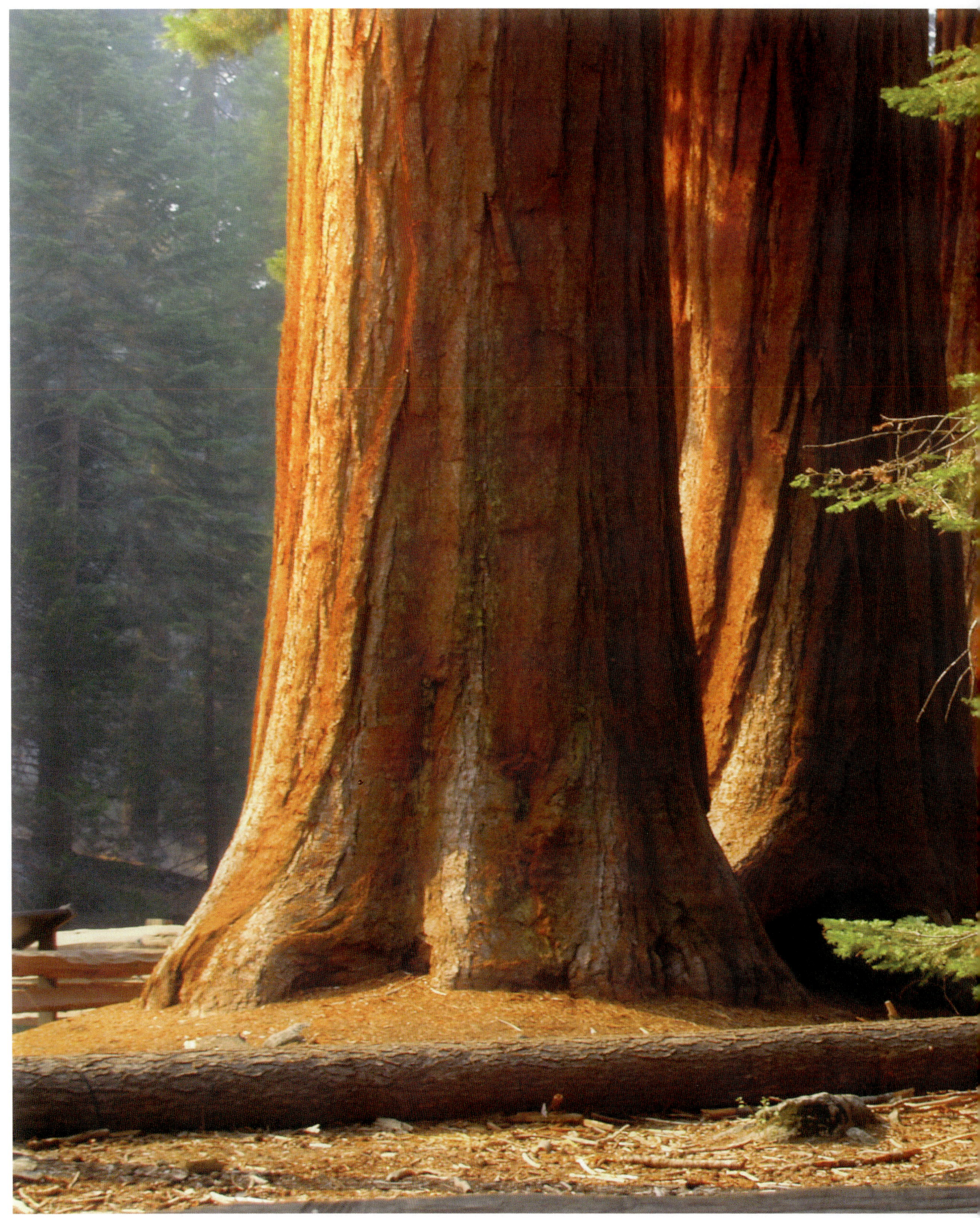

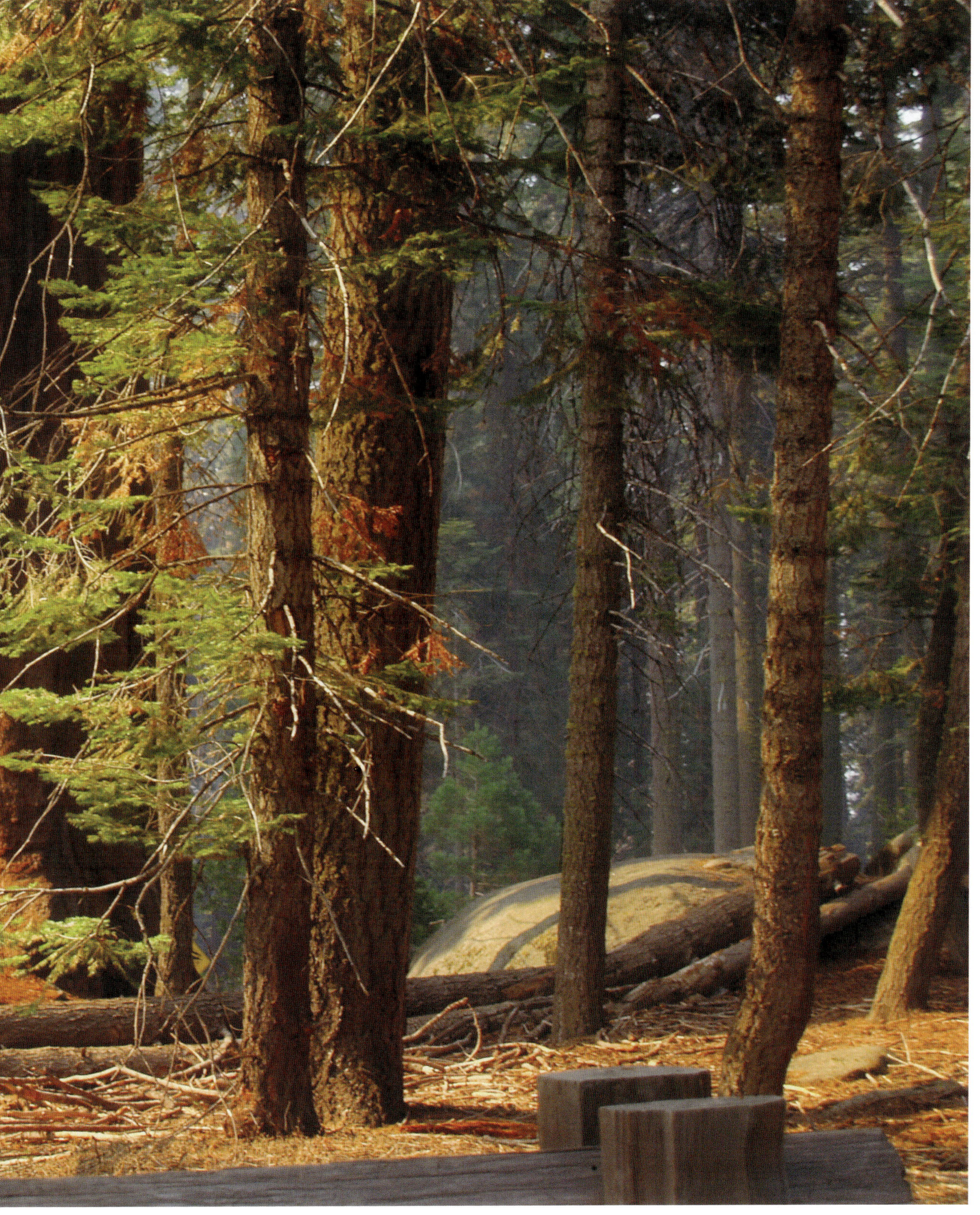

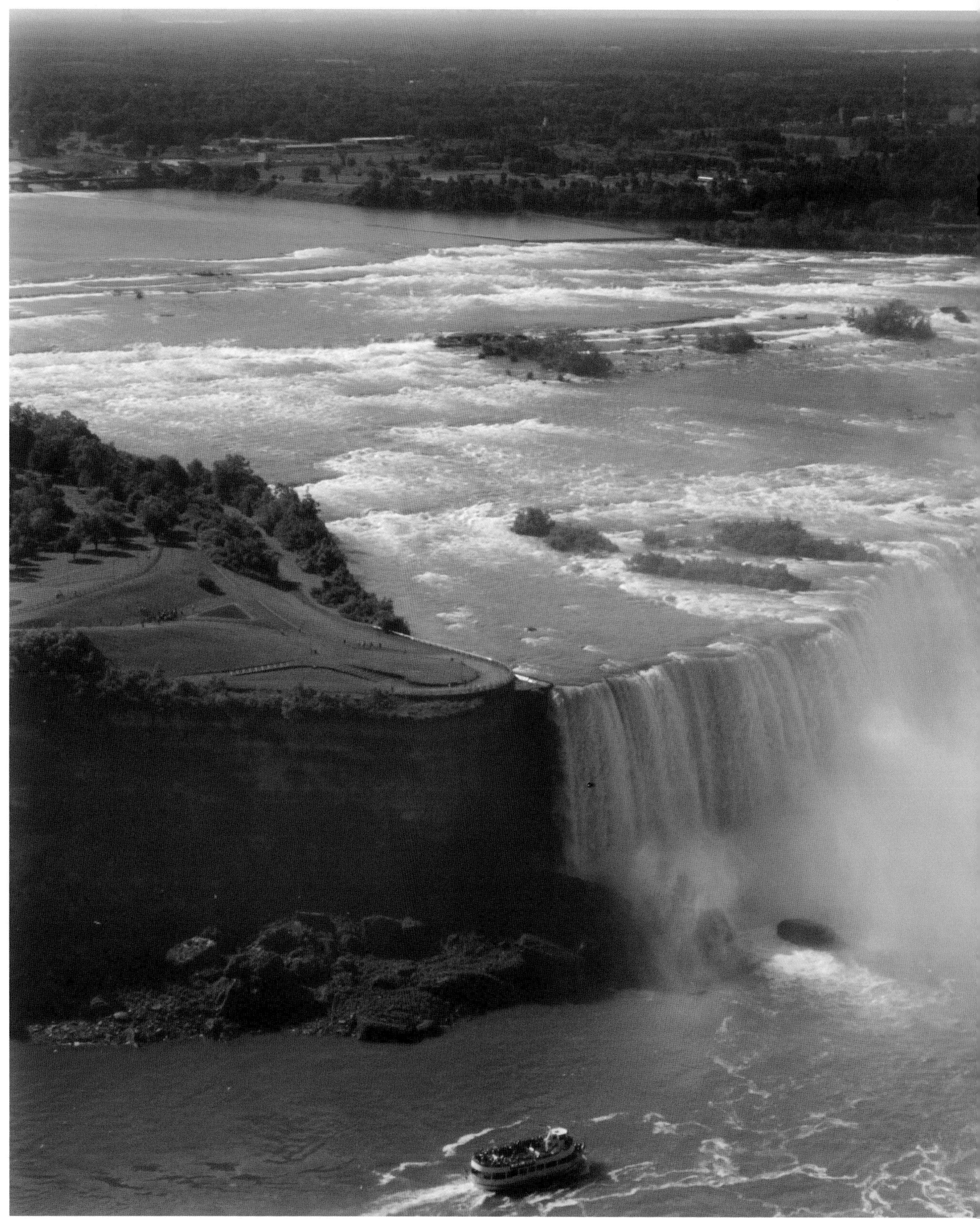

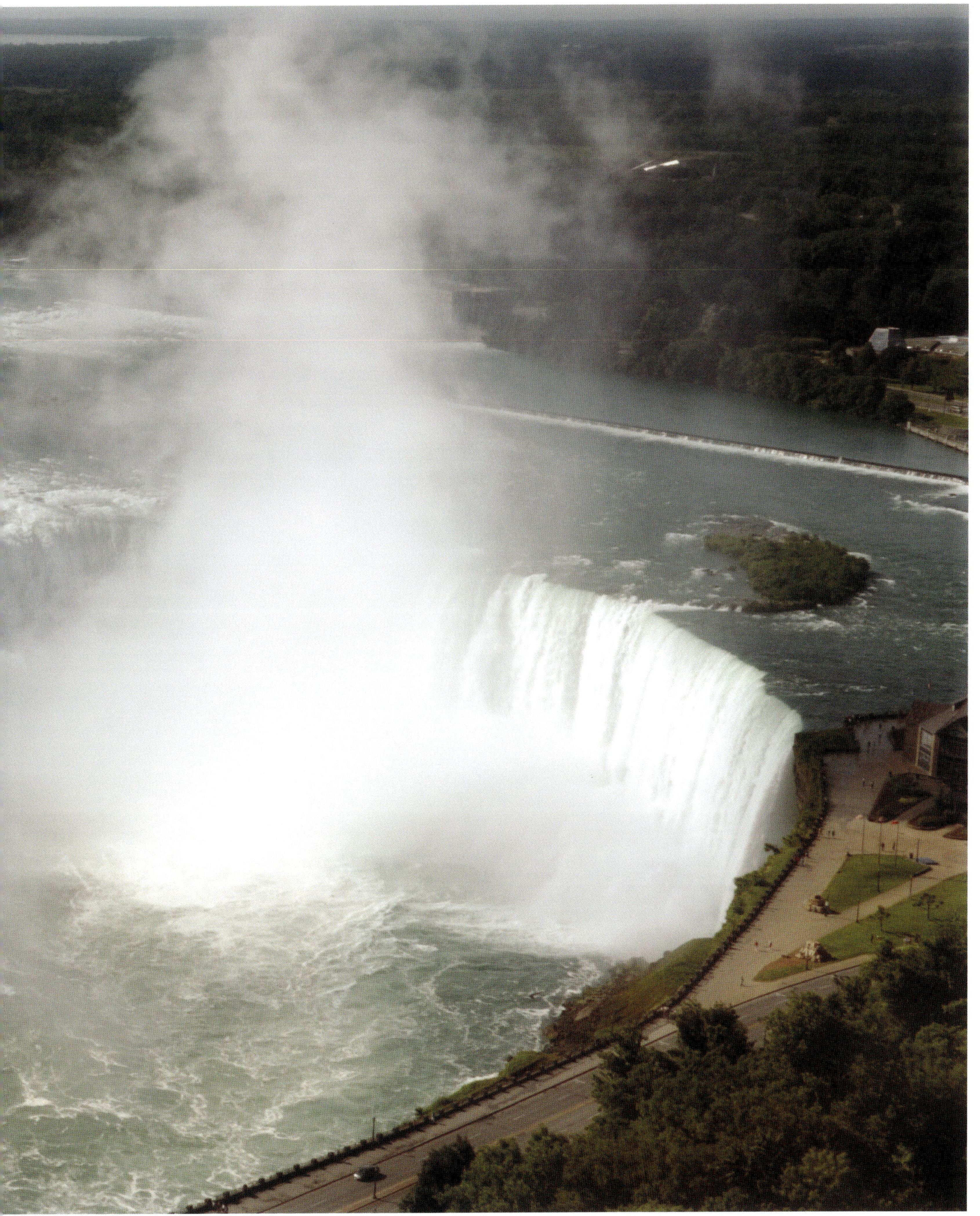

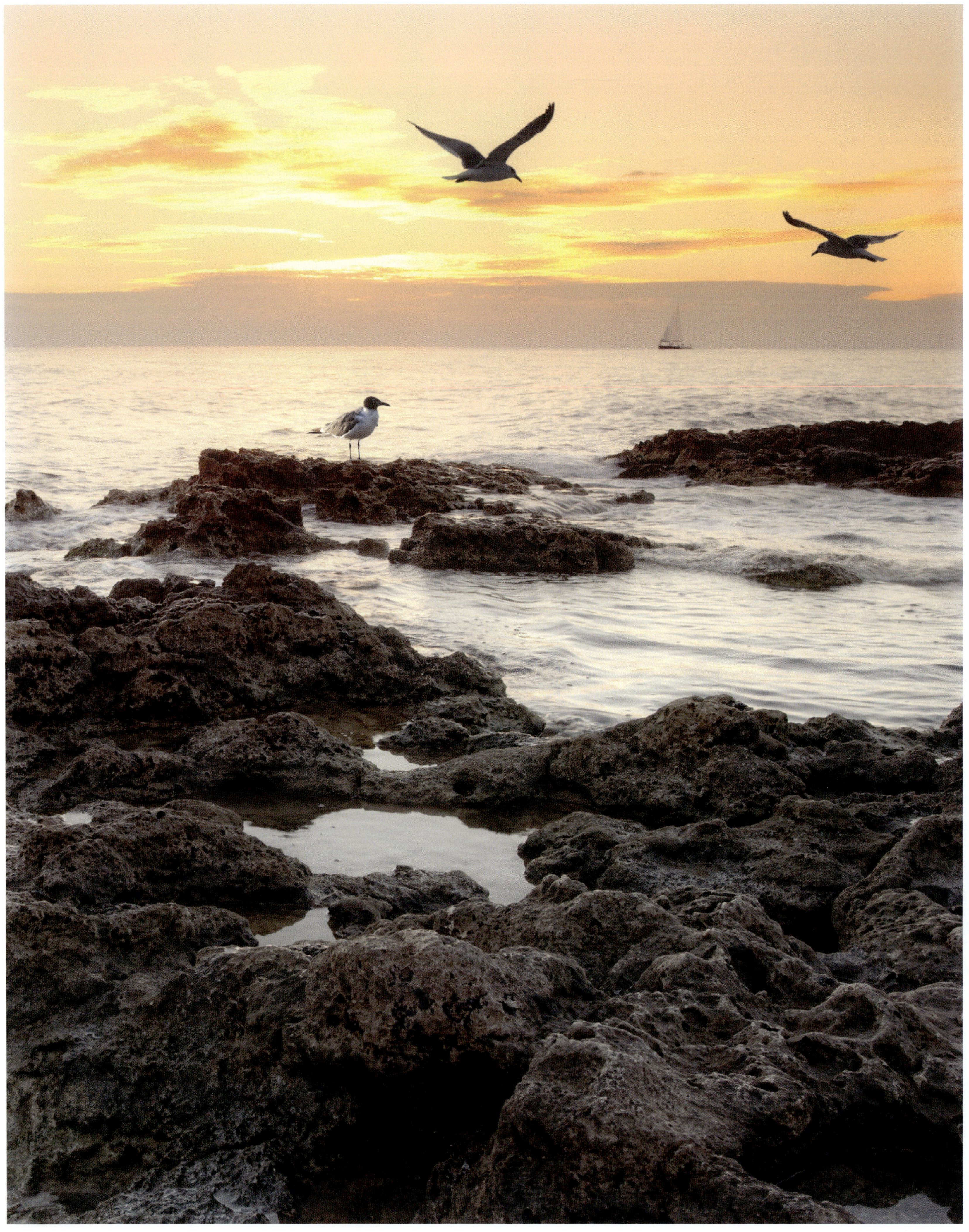